BEI GRIN MACHT SICH IHR WISSEN BEZAHLT

- Wir veröffentlichen Ihre Hausarbeit,
  Bachelor- und Masterarbeit

- Ihr eigenes eBook und Buch -
  weltweit in allen wichtigen Shops

- Verdienen Sie an jedem Verkauf

Jetzt bei www.GRIN.com hochladen und kostenlos publizieren

Neuropsychologische Grundlagen und Differenzialdiagnostik von Depression und Alzheimer-Demenz

Luisa Beckmann

Bibliografische Information der Deutschen Nationalbibliothek:

Die Deutsche Nationalbibliothek verzeichnet diese Publikation in der Deutschen Nationalbibliografie; detaillierte bibliografische Daten sind im Internet über http://dnb.d-nb.de abrufbar.

ISBN: 9783346569950
Dieses Buch ist auch als E-Book erhältlich.

© GRIN Publishing GmbH
Nymphenburger Straße 86
80636 München

Druck und Bindung: Books on Demand GmbH, Norderstedt Germany
Gedruckt auf säurefreiem Papier aus verantwortungsvollen Quellen

Das vorliegende Werk wurde sorgfältig erarbeitet. Dennoch übernehmen Autoren und Verlag für die Richtigkeit von Angaben, Hinweisen, Links und Ratschlägen sowie eventuelle Druckfehler keine Haftung.

Das Buch bei GRIN: https://www.grin.com/document/1164481

Psychologie „Bachelor of Science"

Biologische Psychologie

Neuropsychologische Grundlagen und Differenzialdiagnostik von
Depression und Alzheimer-Demenz

Luisa Beckmann

09.07.2020

Inhaltsverzeichnis

Abbildungsverzeichnis

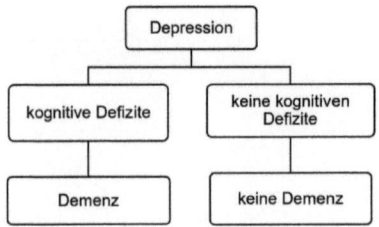

Abbildung 1. Die kognitiven Defizite als Mediatorvariable der Depression und Demenz (eigene Darstellung)

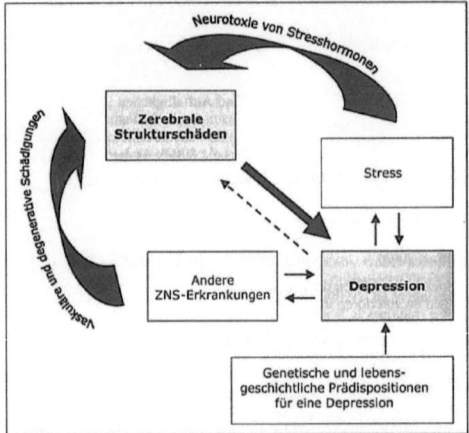

Abbildung 2. Wechselwirkung zwischen Depression und zerebraler Strukturschädigung: modifiziert nach Sheline (2003, zitiert nach Beblo & Lautenbacher, 2006, S.16).

Alzheimer-Demenz Depression	ja	nein
ja	Komorbidität	Depression
nein	Alzheimer Demenz	Frage nach der leichten kognitiven Störung

Abbildung 3. Singularität und Komorbidität von Depression und Alzheimer-Demenz (eigene Darstellung)

Tabellenverzeichnis

Tabelle 1

„Unterschiede im neurologischen Profil bei Depression und seniler Demenz vom Alzheimertyp" (Beblo & Lautenbacher, 2006)

	Depression	Alzheimer Demenz
Allgemeines Profil	Keine eindeutig herausstechende Defizite, am ehesten Flexibilität	Primär Gedächtnisstörungen
	Defizite eher bei Aufgaben mit Zeitlimit	Defizite auch bei „Speed-unabhängigen" Aufgaben
	Defizite eher bei neutralem oder positivem Material	Defizite treten materialunspezifisch auf
	Verstärkte Defizite nach Misserfolg	Defizite unabhängig von Misserfolg
Neugedächtnis	Besserer Erhalt der Wiedererkennungsleistung	Wiedererkennen ist deutlich gestört
	Auslassungsfehler	Intrusionen, Zufallsfehler, Rateverhalten
Zeichnen	Eher ungenaues Arbeiten	Konstruktiv apraktische Fehler
Orientierung	Orientierung ist weitgehend intakt	Orientierungsstörungen
Sprache	Verlangsamung, Hypophonie	aphasische Symptome
Räumlich-konstruktive Leistungen, Praxie	Eher ungenaues Arbeiten, Nachlässigkeit	apraktische Symptome

Tabelle 2

„Klinische Hinweise zur Unterscheidung von Demenz und Depression im Alter" (Hegerl et al., 2001)

Hinweise zur Depression	Hinweise zur Demenz
Eher:	Eher:
-akuter Beginn	- Langsam progredient, unklarer Beginn
- Klagt über seinen Zustand „kann und weiß nicht mehr"	- Klagt eher nicht, bagatellisiert „hätte keine Probleme"
- Depressive Symptomatik (wird berichtet)	-„habe keine Symptome", eher gleichgültig
- Gut orientiert	-Orientierungsprobleme
- Depressive Symptomatik stabil	-Affektlabil, affektinkontinent, leicht umstimmbar, leicht ablenkbar

Zusammenfassung

Die Arbeit vergleicht die Depression und Alzheimer-Demenz auf neurobiologischer und psychopathologischer Ebene und schlussfolgert daraus differenzialdiagnostische Überlegungen. Für den klinischen Bereich werden neurobiologisch und neuropsychologisch fundierte Hinweise bei der diagnostischen Entscheidungsfindung gegeben. Explizit wird auf die Komorbidität von Depression und Alzheimer-Demenz und deren wechselseitige Bedingungsgefüge eingegangen. Des Weiteren wird die Bedeutung der Komplexität der syndromalen Zusammenhänge für eine theoretisch fundierte Diagnosestellung diskutiert. Es wurde deutlich, dass sich die Depression und die Alzheimer-Demenz in ihrer Psychopathologie durch neurobiologische Prozesse und neuropsychologische Evidenz in ihren Wechselwirkungen besser erklären lassen. Somit stellt sich dem/den Kliniker/-innen die Frage inwieweit das Zusammenspiel von hirnstruktureller Veränderung und Psychopathologie für die Störung verantwortlich ist.

1 Einleitung

Wie kommt es, dass so viele Menschen gleichzeitig an einer Depression und an einer Alzheimer-Demenz erkranken? Gibt es ähnliche neurobiologische, die Neuropathologie erklärende Mechanismen? Was ist der Grund, dass so viele Kliniker/-innen sich unsicher bei der Beantwortung der Frage sind, ob der/die Patient/-in in eine Demenz oder eine Depression hat? Diese Arbeit bietet eine synoptische Übersicht über die neuropsychologischen Grundlagen der Depression und Alzheimer-Demenz und geht zudem auf die neurobiologischen Entstehungsprozesse ein. Dabei werden auch Hypothesen interaktiver Entstehungsbedingungen formuliert.

Die beiden Erkrankungen treten häufig im hohen Alter auf und sind aufgrund ihrer ähnlichen Symptomatik schwer zu differenzieren (Steffens & Potter, 2008, zitiert nach Leyhe, Melcher, Linnemann, Klöppel & Hampel, 2018, S. 70). Im Folgenden wird erläutert, welche Überschneidungsbereiche vorliegen und wie eine Differenzierung der Erkrankungen möglich ist.

2 Die Grundlagen der Demenz und der Depression

Die Demenz ist eine neurodegenerative Hirnerkrankung. Sie ist fortschreitend und beeinträchtigt insbesondere die intellektuellen Leistungen und verändert die Persönlichkeit eines Menschen. Bereits in einem frühen Stadium kann die Emotionalität der betroffenen Person gestört und die Motivation beeinträchtigt sein. Schon in dieser Phase wirkt sich die Demenz auf die kognitiven Leistungen (u.a. das Gedächtnis, die Urteilsbildung, das Lernen und den sprachlichen Umgang) aus (Peper, 2020).

In der Diagnostik wird die Demenz nach der International Classification of Diseases – German Modification (ICD-10-GM) (Dilling, Mombour und Schmidt, 2015) in mehrere demenzielle Erkrankungen unterschieden. Im Folgenden beschränke ich mich auf die Darstellung der Alzheimer-Demenz. Auf die weiteren Demenz-Syndrome wie die vaskuläre Demenz, die Multiinfarktdemenz oder die frontotemporale Demenz gehe ich nicht näher ein (Peper, 2020).

Die Alzheimer-Demenz ist eine neurodegenerative Erkrankung, von der, nach einer langsamen Ausbreitung, das gesamte Gehirn betroffen ist. Die Ursache für die Alzheimer-Demenz ist unbekannt. Es wird in ein frühes Auftreten (vor dem 65. Lebensjahr) und in ein spätes Auftreten (nach dem 65. Lebensjahr) differenziert (Peper, 2020). Die Klassifikation der Alzheimer-Demenz wird nach der ICD-10-GM (Dilling, Mombour und Schmidt, 2015) und dem Diagnostic and Statistical Manual of Mental Disorders (DSM-V) durchgeführt (American Psychiatric Association, 2013).

Die Depression hingegen gehört zu den affektiven Störungen. Ihr Schweregrad variiert in schwer-/ mittel-/ und leichtgradig. Sie lässt sich idealerweise durch ein multifaktorielles Modell erklären. Eine zentrale Rolle spielen dabei biologische Einflüsse wie genetisch bedingte Prädispositionen, Entwicklungsbedingungen, Bindungsstile und darüber hinaus emotional-kognitive Verarbeitungsmuster sowie eine maladaptive Verarbeitung belastender Situationen. Die Betroffenen leiden unter einer Beeinträchtigung der Gefühls- und Stimmungslage. Kernsymptome sind u.a. Niedergeschlagenheit, Interessenverlust, Kraftlosigkeit, Unlust sowie eine reduzierte Aufmerksamkeit und Konzentration. Dies hat oft negative Auswirkungen auf die interaktionellen Beziehungen, die allgemeine Leistungsfähigkeit – insbesondere im Berufsleben – sowie die Wahrnehmung diverser Situationen im Alltag. Das Risiko für suizidale Handlungen ist erhöht (de Vries & Petermann, 2020).

2. 1 Neurobiologische Grundlagen der Alzheimer-Demenz

Im Folgenden werden ausgewählte neurobiologische Theorien zur Entstehung von Alzheimer-Demenz erläutert.

2.1.1 Amyloid-Hypothese

Bereits 20 Jahre vor dem Auftreten der ersten Symptome kommt es zu zwei primären Veränderungen im Gehirn: zu Neurofibrillen und senilen Plaques (Selkoe & Hardy, 2016). Beide Phänomene sind pathognomonisch für die Alzheimer-Demenz (Köhler, 2019). Die extrazellulären Plaques bestehen aus ß-Amyloid-Ablagerungen, welche bei der enzymatischen proteolytischen Spaltung von Amyloid-Präkursor-Protein (APP) entstehen. Intrazelluläre Neurofibrillenbündel sind Ansammlungen hyperphosphorilierter Tau-Proteine.

Das Absterben der Neurone wird durch Amyloide verursacht. Veränderte Beta-Amyloid-Peptide (Aß-Peptide) lösen die Hyperphosphorylierung der Tau-Proteine aus. Diese zerschlagen die intrazellulären Strukturen der Mikrotubuli. Das Absterben der Neurone tritt ein, wenn APP im gesunden Neuron in großen Mengen vorhanden ist, wenn das APP-Gen mutiert ist, sodass beim Abbau pathogene Aß-Peptide auftreten, oder wenn die Enzyme zu einem normalen Abbau nicht in der Lage sind. So kommt es zur Schädigung der Funktionen und schlussendlich zur Amyloidkaskade (Selkoe & Hardy, 2016).

2.1.2 Zerebrale Veränderungen

Jahrzehnte bevor die ersten Auswirkungen der Alzheimer-Demenz auftreten, kommt es zu Veränderungen im mediobasalen Temporallappen. Die Alzheimer-Demenz ist eine fortschreitende Krankheit, sie breitet sich auf den Temporal-, Parietal- und bei schwerer Demenz auch auf den Frontallappen aus (Lautenbacher & Gauggel, 2004). Nach Braak und Braak (2002, zitiert nach Lautenbacher & Gauggel, 2004, S. 316) ist es möglich, die Veränderungen der Neurofibrillen in sechs neuropathologische Stadien einzuteilen: die transentorhinalen Stadien 1 und 2, die limbischen Stadien 3 und 4 sowie sie isokortikalen Stadien 5 und 6. In den transentorhinalen Stadien kommt es zum ersten Auftreten kortikaler neurofibrillärer Veränderungen im Randbereich der transentorhinalen Rinde (klinisch stumme Phase). In den Stadien 3 und 4 treten Veränderungen am vorderen sowie medialen Temporallappen und am Hippocampus und der Amygdala auf. Die entorhinale Rinde ist von Zerstörungen betroffen (klinische Initialphase). In den iskortikalen Stadien treten neurofibrilläre Veränderungen in fast allen Teilbereichen der Hirnrinde auf (klinisches Vollbild der Alzheimer-Demenz).

2.2 Biologische und neuropsychologische Grundlagen der Depression

Im Folgenden werden ausgewählte neurobiologische Theorien zur Entstehung der Depression erläutert.

2.2.1 Monoaminhypothese

Die Monoaminhypothese wurde von Schildkraut (1965) zusammengefasst und von Coppen (1967) erweitert. Es wird angenommen, dass der Mangel an Serotonin und Noradrenalin zu einer Depression führt. Die reduzierte Aktivität der serotonergen und noradrenergen Synapsen ist auf die agonistische Wirkung von Monoaminoxidasehemmern, trizyklischen Antidepressiva und selektiven Serotonin- und Noradrenalin-Wiederaufnahmehemmern zurückzuführen (Köhler, 2019). Der aktuelle Forschungsstand kann die Monoaminhypothese weder bestätigen noch verwerfen; jedoch ist sie für die klinische Psychologie von heuristischer Bedeutung (Schildkraut, 1965). Neuere Theorien zur Pathogenese der Depression gehen von einer Dysfunktion des dopamingeren, GABAergen sowie des glutamatergen Systems aus. Es gibt einen Zusammenhang zwischen dem Immunsystem, der Glutamataktivität und den Gliazellen. Entzündungen können eine Glutamatüberaktivität hervorrufen. Bedeutend ist das Enzym Indolamin-2,3-Dioxygenase (IDO), es baut Tryptophan und Serotonin ab. Durch die Aktivierung von IDO kommt es nicht nur zum Serotoninmangel, sondern auch zu einem Ungleichgewicht von Astrozyten und Mikroglia, da IDO in den Mikroglia des zentralen Nervensystems (ZNS) aktiviert wird. Die verstärkte Aktivierung der Immunantwort beeinflusst die Gliazellenfunktion und die Glutamatregulation. Aufgrund der erhöhten Glutamatproduktion kommt es zur Dysfunktionen und zum Absterben der Synapsen. Die Verhaltens- und kognitiven Funktionen sind infolgedessen beeinträchtigt (Haroon, Miller & Sanacora, 2017).

2.2.2 Die Neuroplastizitäts-Theorie

Die Entstehung der Depression wird durch die Abnahme der Neuroplastizität bedingt. Es kommt zu einer Störung der Neurogenese und zum Abbau neuronaler Verbindungen in einigen Gehirnstrukturen (u. a. des Hippocampus, welcher essenziell für die Gedächtnisleistung ist) (Köhler, 2019). Diese Vorgänge können durch Stress intensiviert und durch Antidepressiva (AD) revidiert werden (Anacker, 2014). Dabei spielt der Brain-derived neurotrophic factor (BDNF) eine zentrale Rolle. Er beeinflusst die neuronale Plastizität. Unter Stress sinkt der BDNF-Spiegel, bei der Einnahme von AD steigt er (Phillips, 2017).

2.2.3 Die neurobiologische Gegenüberstellung der pathologischen Prozesse von Demenz und Depression

Depressionen im Alter stellen ein erhöhtes Risiko, an Demenz zu erkranken, dar und vice versa. Die Komorbidität kann u.a. durch ähnliche biologische Veränderungen erklärt werden. Neuropsychologische Verfahren tragen zu der Differenzialdiagnose von Alzheimer-Demenz und Depression bei (siehe Übersicht in Lehye et al., 2018).

Bei Depressionen und kognitiven Störungen wie der Demenz kommt es zu vaskulären Veränderungen in frontostriatalen Hirnregionen. Gewebeschwund des Hippocampus tritt sowohl bei der Depression als auch bei der Alzheimer-Demenz auf. Die Folge davon sind kognitive Defizite. Die hippokampale Atrophie ist bei der Depression durch die erhöhte Kortisolausschüttung bedingt. Ein stark entwickelter Gewebeabbau im cingulären Kortex und dem Precuneus deutet auf eine Alzheimer-Demenz hin. Depression und Alzheimer-Demenz können so u.a. differenziert werden. Chronische Entzündungsprozesse können bei beiden Erkrankungen die neuronalen Netzwerke, die synaptische Plastizität und die Neurogenese des

Hippocampus schwächen, sodass kognitive Defizite entstehen. Das verminderte Vorkommen von Neurotrophinen ist ein weiterer biologischer Zusammenhang beider Erkrankungen. Bei Patienten/-innen mit Depression und auch bei der Alzheimer-Demenz ist der BDNF-Spiegel reduziert. Ein weiterer wichtiger Zusammenhang besteht darin, dass Alzheimer-Patienten/-innen mit Depressionen eine höhere Akkumulation von Neurofibrillen und senilen Plaques aufweisen als Alzheimer-Patienten/-innen ohne Depression. Das erhöhte Vorkommen von Neurofibrillen und Plaques ist kennzeichnend für die Depression, sodass sie eine singuläre Alzheimer-Demenz von der singulären Depression differenzieren können. Eine Komorbidität der Erkrankungen ist dennoch möglich. Die Amyloid-Positronen-Emmissions-Tomographie (Amyloid-PET) ist ein diagnostisches Verfahren, welches Aufschluss auf ein Frühstadium der Alzheimer-Demenz gibt. Mit der PET werden Amyloidablagerungen bei depressiv Erkrankten untersucht. Erhöhte Amyloidablagerungen deuten auf ein Frühstadium der Alzheimer-Demenz mit Depression als erstem Symptom hin (siehe Übersicht in Lehye et al., 2018).

3. Veränderung der neuropsychologischen Leistungen unter besonderer Berücksichtigung der kognitiven Funktionen bei der Alzheimer-Demenz und der Depression

Es folgt die Darstellung ausgewählter neuropsychologischer Leistungsdefizite bei den jeweiligen Erkrankungen.

3.1 Der Einfluss der Alzheimer-Demenz auf die neuropsychologischen Funktionen

Beim Einsetzen des neurodegenerativen Prozesses zeigen sich erste Symptome wie Probleme beim Lernen oder eine reduzierte Gedächtnisleistung. Die Demenz wird in die drei Stadien eingeteilt: leicht-, mittelgradige und schwere Demenz. Die kognitiven Beeinträchtigungen sind im Verlauf der Erkrankung progredient. Vor allem die Gedächtnis- und Konzentrationsleistungen sind bereits in einem frühen Stadium hochgradig betroffen. Die Rekognition ist beeinträchtigt. Außerdem kann das Wissen nur verzögert abgerufen werden. Diese Defizite nehmen zu. Bei einem mittelgradigen Demenzstadium nimmt das Erinnerungsvermögen stark ab. Auch Erinnerungen an das eigene Leben verschwinden langsam. Die impliziten Gedächtnisleistungen sind kaum beeinträchtigt. Ist die demenzielle Erkrankung stark fortgeschritten, sind die Gedächtnisleistungen stark eingeschränkt. Komplexere psychische Funktionen können nicht mehr genutzt werden. Die Alzheimer-Demenz wirkt sich auch auf die Sprachfähigkeit aus. Anfangs haben Patienten/-innen leichte Wortfindungsstörungen, dann kommt es zu unpräzisem Ausdruck und Problemen mit der Semantik. Diese verstärken sich, sodass die Patienten/-innen sinnlose Aussagen treffen. Die

Fähigkeit zum Lesen, Schreiben und im Endstadium zum Sprechen verschwindet. Nichtverbale Kommunikation bleibt weiterhin möglich. Die Aufmerksamkeit ist anfangs noch nicht stark betroffen. Es gibt Einbuße beim Multitasking. Die progressiven Auswirkungen zeigen sich durch eine erhöhte Ablenkbarkeit und reduzierter Vigilanz. Schlussendlich sind beinahe alle Aufmerksamkeitskomponenten gemindert. Bei der Alzheimer-Demenz kommt es zu Störungen der Raumverarbeitung und Störungen der Exekutivfunktionen. Die Flexibilität und das Problemlösen sind eingeschränkt. Das induktive, deduktive Denken und Planen sind stark beeinträchtigt. Demenz-Patienten/-innen fällt es schwer, Gesichter und Gegenstände wiederzuerkennen. Bei einer schweren Alzheimer-Demenz kommt es außerdem zu Prosopagnosie und ideatorischer Apraxie. Bei der Demenz sind besonders das Gedächtnis und die Sprache stark betroffen. Veränderungen der exekutiven Funktionen und der Persönlichkeit sowie soziale Umgangsweisen werden mit fortschreitender Erkrankung deutlich (Lautenbacher & Gauggel, 2004).

3.2 Der Einfluss der Depression auf die kognitiven Funktionen

Die Gedächtnisleistungen von älteren Depressiven werden stärker von ihrer Depressivität beeinträchtigt als von ihren objektiven Leistungsmöglichkeiten (Watts, 1993, zitiert nach Hegerl, Zaudig & Möller, 2001, S. 43). Das implizite Gedächtnis ist bei älteren Depressiven kaum beeinträchtigt. Hauptsächlich ist die explizite Gedächtnisleistung betroffen. Der Wissenserwerb des expliziten Gedächtnisses ist eingeschränkt. Es gibt Defizite bei dem Erinnern an positive oder neutrale Gedächtnisinhalte. Diese Defizite sind jedoch nicht bei negativen Inhalten vorhanden. Die affektive Tönung von Ereignissen wirkt sich auf die explizite und implizite Gedächtnisleitung aus. Die Leistung des Primärgedächtnisses ist im Vergleich zu Nicht-Depressiven ihrer Altersgruppe unauffällig. Ebenso die Abrufleistungen, die bei beiden Gruppen kritisch sind, sich aber bei einem längeren Intervall nicht weiter verschlechtern. Jedoch ist das Sekundärgedächtnis von älteren Depressiven beeinträchtigt. Die freie und gebundene Wiedergabe von Wortlisten, Geschichten und Wortpaaren ist eingeschränkt, sie geht mit Defiziten des semantischen Clustering einher. Bei der Rekognition (bspw. Geschichten wiedererkennen oder wiedergeben) ist die explizite Gedächtnisleistung reduziert, die implizite bleibt erhalten. Depressionen beeinträchtigen die Aufmerksamkeit, es treten Vigilanzprobleme auf (Hegerl et al., 2001). Auch die Intelligenz ist gemindert. Depressive weisen einen niedrigeren Handlungs-IQ auf, welcher auch nach einer depressiven Episode bestehen bleibt (Sackeim, Freeman, McElhiney, Coleman, Prodic, Devanand, 1992, zitiert nach Hegerl et al., 2001, S. 44). Auch die Exekutivfunktionen sind beeinträchtigt. Depressive sind weniger kognitiv flexibel und nutzen spontan keine Regeln oder Strategien zum Problemlösen. Sie kennen zwar die Strategien, nutzen sie jedoch erst, wenn sie dazu angeleitet werden (Hegerl et al., 2001).

4 Die neuropsychologische und klinische Differenzialdiagnostik von Alzheimer-Demenz und Depression

In den neuropsychologischen Funktionen kann es in allen Bereichen symptomatische Ähnlichkeiten geben. Trotzdem werden in der Tabelle 1 spezifische Unterschiedlichkeiten deutlich. Diese charakteristischen Merkmale in den jeweiligen kognitiven Anforderungsbereichen können als Marker für die diagnostische Einordnung verwendet werden (Beblo & Lautenbacher, 2006).

Tabelle 1

„Unterschiede im neurologischen Profil bei Depression und seniler Demenz vom Alzheimertyp" (Beblo & Lautenbacher, 2006)

	Depression	Alzheimer Demenz
Allgemeines Profil	Keine eindeutig herausstechende Defizite, am ehesten Flexibilität	Primär Gedächtnisstörungen
	Defizite eher bei Aufgaben mit Zeitlimit	Defizite auch bei „Speed-unabhängigen" Aufgaben
	Defizite eher bei neutralem oder positivem Material	Defizite treten materialunspezifisch auf
	Verstärkte Defizite nach Misserfolg	Defizite unabhängig von Misserfolg
Neugedächtnis	Besserer Erhalt der Wiedererkennungsleistung	Wiedererkennen ist deutlich gestört
	Auslassungsfehler	Intrusionen, Zufallsfehler, Rateverhalten
Zeichnen	Eher ungenaues Arbeiten	Konstruktiv apraktische Fehler
Orientierung	Orientierung ist weitgehend intakt	Orientierungsstörungen
Sprache	Verlangsamung, Hypophonie	aphasische Symptome
Räumlich-konstruktive Leistungen, Praxie	Eher ungenaues Arbeiten, Nachlässigkeit	apraktische Symptome

Im zeitlichen Verlauf können sowohl qualitative als auch quantitative kognitive Veränderungen deutliche differenzialdiagnostische Hinweise ergeben und somit eine eindeutige Zuordnung zu dem jeweiligen Störungsbild erlauben. Zudem können klinische Beschreibungen, die die Störungsbilder weiterhin differenzierend charakterisieren, herangezogen werden, wie in der Tabelle 2 dargestellt. Dabei ist vor allem die mangelnde Krankheitseinsicht der Alzheimer-Patienten/innen ein die Syndrome trennendes Merkmal (Hegerl et al., 2001).

Tabelle 2

„Klinische Hinweise zur Unterscheidung von Demenz und Depression im Alter" (Hegerl et al., 2001)

Hinweise zur Depression	Hinweise zur Demenz
Eher:	Eher:
-akuter Beginn	- Langsam progredient, unklarer Beginn
- Klagt über seinen Zustand „kann und weiß nicht mehr"	- Klagt eher nicht, bagatellisiert „hätte keine Probleme"
- Depressive Symptomatik (wird berichtet)	-„habe keine Symptome", eher gleichgültig
- Gut orientiert	-Orientierungsprobleme
- Depressive Symptomatik stabil	-Affektlabil, affektinkontinent, leicht umstimmbar, leicht ablenkbar

Depression und Demenz können in unterschiedlichen Zusammenstellungen auftreten. Hegerl et al. (2001) postulieren drei Kombinationen: Die Depression tritt als Prodromalsymptom der Demenz auf, depressive Verstimmungen treten während der Demenz im Frühstadium als Symptom auf, und es gibt eine Komorbidität von Depression und Demenz. Durch die Koinzidenz der beiden Erkrankungen ist eine zutreffende Diagnose kompliziert.

5 Die neurobiologische, neuropsychologische und psychopathologische Interaktion zwischen der Depression und der Alzheimer-Demenz

Die hirnstrukturellen, neuropsychologischen und psychopathologischen Wechselwirkungen zwischen der depressiven Erkrankung und der Alzheimer-Demenz beinhalten differenzialdiagnostische Implikationen.

5.1 Das interaktive Modell von Depression und neurologischer Erkrankung

Genetische Prädisposition und die lebensgeschichtliche Entwicklung bestimmen die Vulnerabilität eines Menschen für die Entwicklung einer Depression in der Lebensspanne (Beblo & Lautenbacher, 2006). Im Sinne des Diathese-Stress-Modells gibt es eine gegenseitige Beeinflussung der individuellen Krankheitsneigung mit Stress. Das Auftreten einer manifesten Depression nach dem Kriterienkatalog der ICD-10: F32 und F33 (Dilling et al., 2015) kann die Auftretenswahrscheinlichkeit einer hirnstrukturellen pathologischen Veränderung erhöhen (Hegerl et al., 2001). Neurologische Erkrankungen wie die Alzheimer-

Demenz i.S. der ICD-10: F00 (Dilling et al., 2015) gehen wiederum häufig mit unipolarer Depression einher (Hegerl et al., 2001). Die kognitiven Defizite, die ein häufiges Symptom der Depression darstellen, sind eine vollständige Mediatorvariable im Zusammenhang von Depression und der Alzheimer-Demenz, wie in Abbildung 1 dargestellt. Wenn eine Depression vorliegt, stellen die kognitiven Defizite eine obligatorische Bedingung für das Auftreten einer komorbiden Demenz dar.

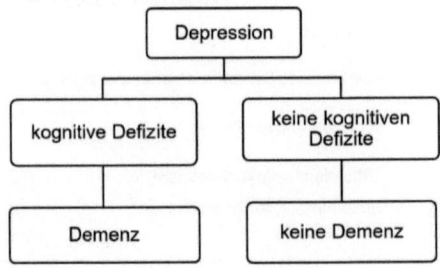

Abbildung 1. Die kognitiven Defizite als Mediatorvariable der Depression und Demenz (eigene Darstellung)

Die chronifizierte Störung der Affektivität als Symptom der Alzheimer-Demenz verstärkt wiederum vaskuläre und degenerative Schädigungen des Gehirns. Die Stressvulnerabilität des depressiv Erkrankten erhöht zudem über die Ausschüttung von neurotoxischen Stresshormonen den Entwicklungsprozess zerebraler Strukturschäden. Die chronifizierten depressionsbedingten kognitiven Defizite fördern den Prozess zerebraler Strukturschädigungen mit eigenem Krankheitswert (z.B. die leichte kognitive Störung). Die psychopathologischen Veränderungen der Alzheimer-Demenz wiederum können ein begleitendes depressives Syndrom auslösen (Sheline, 2003, zitiert nach Beblo & Lautenbacher, 2006, S. 16).

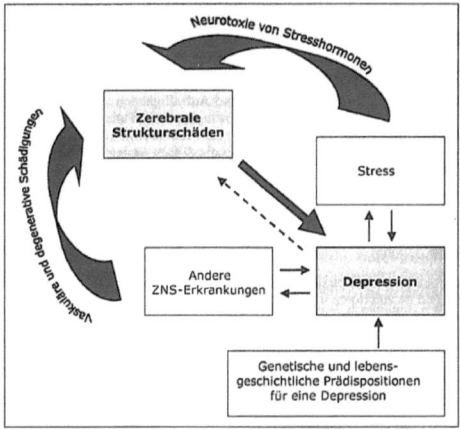

Abbildung 2. „Wechselwirkung zwischen Depression und zerebraler Strukturschädigung: modifiziert nach Sheline (2003, zitiert nach Beblo & Lautenbacher, 2006, S. 16).

5.2 Die Frage nach Singularität und Komorbidität von Depression ohne/ mit Alzheimer-Demenz

Das in 5.1 vorgestellte interaktive Modell von Sheline (2003, zitiert nach Beblo & Lautenbacher, 2006, S. 16) bietet einen Erklärungsansatz für die hohe Rate an gleichzeitigem Auftreten (Komorbidität) von Depression und Alzheimer-Demenz bei älteren und geriatrischen Patienten/-innen, sodass sich folgendes Vier-Felder-Schema ergibt.

Alzheimer-Demenz / Depression	ja	nein
ja	Komorbidität	Depression
nein	Alzheimer Demenz	Frage nach der leichten kognitiven Störung

Abbildung 3. Singularität und Komorbidität von Depression und Alzheimer-Demenz (eigene Darstellung)

Bei Negation beider Störungsbilder und gleichzeitigem Auftreten kognitiver Defizite müssen die Kriterien für das Auftreten einer leichten kognitiven Störung, i.S. der ICD-10: F06.7 überprüft werden (Dilling et al., 2015).

6 Diskussion

Es besteht noch ein zukünftiger Forschungsbedarf in der biologischen Ursachenerforschung von Depression und Alzheimer-Demenz. Beispielhaft sei hier die Frage genannt, an welcher Stelle des Stoffwechselprozesses des jeweiligen Neurotransmitters die Störung therapeutisch beeinflusst werden kann. Zukünftige Forschungsergebnisse könnten zu einem tieferen Verständnis der Krankheit und somit zu weiteren psychopharmakologischen Therapiemöglichkeiten führen. Auch dürften möglicherweise präventive Maßnahmen, insbesondere bei der Alzheimer-Demenz, entwickelt werden. Durch die Erforschung von neuen standardisierbaren Biomarkern wären das Diagnostizieren und somit auch eine differenzierte klinische Behandlung erleichtert.

Es wurde deutlich, dass sich die (Alters-)Depression und die Alzheimer-Demenz in ihrer Psychopathologie durch neurobiologische Prozesse und neuropsychologische Evidenz in ihren Wechselwirkungen besser erklären lassen. Für den/die Kliniker/-innen stellt sich damit nicht länger nur die Frage, *ob* neurobiologische Abbauprozesse *oder* psychologische Ursachen die Gedächtnisstörung bedingen, sondern vielmehr, *inwieweit* das Zusammenspiel von hirnstruktureller Veränderung und Psychopathologie für die Störung verantwortlich zeichnet. In diesem Sinne entbehrt nach Beblo und Lautenbacher (2006) die diagnostische Frage nach der sogenannten Pseudodemenz (vorübergehende Gedächtnisstörung bei einer erfolgreich behandelten Depression) der empirischen Evidenz und darf im klinischen Alltag vernachlässigt werden. Es geht in der Gedächtnisdiagnostik somit weniger um die Frage nach einem Entweder/ Oder (Depression oder Demenz) als vielmehr nach einem *Wieviel* von *Was* (wieviel biologisch, wieviel psychisch). Beblo und Lautenbacher (2006) hingegen betonen die Fragestellung „[...] ob die kognitiven Auffälligkeiten älterer depressiver Patienten/-innen im Kontext der depressiven Störung zu interpretieren sind oder als erste Symptome einer sich parallel entwickelnden demenziellen Erkrankung bewertet werden müssen" (S. 46–47). Jedoch ist kritisch anzumerken, dass eine beginnende Alzheimer-Demenz oft mit einer vorbestehenden depressiven Erkrankung einhergeht (Lehye et al., 2018). Zudem kann man die Frage stellen, welche Pathologie die primäre Erkrankung darstellt. Ist diese dann auch mittelbar oder gar unmittelbar ursächlich an der Entstehung des nachfolgenden komorbiden Syndroms beteiligt?

Meines Erachtens sollte der/die Kliniker/-in zudem den psychisch ursächlichen lebensgeschichtlichen Beitrag an der Ausgestaltung der depressiven Symptomatik und dessen Langzeitauswirkung auf die Kognition in seine Untersuchungen einbeziehen. Dies gilt auch für die Frage einer vermuteten Depression versus einer Frühdemenz. Erst die Verlaufsdiagnostik kognitiver Parameter ergäbe dann den endgültigen Aufschluss über die Ausgestaltung der darauffolgenden klinischen Therapie.

Die hier zusammengestellten Erkenntnisse können jedoch nur einen ersten Überblick über differenzialdiagnostische Entscheidungen im klinischen Alltag ergeben.

7 Fazit

Der/ die Kliniker/-in ist, trotz aller noch bestehenden Wissensdefizite, bereits heute in der Lage, eine fundierte Differenzialdiagnose zu stellen. Dazu ist es nötig, dass er/sie sich der Fragestellung der Anteile psycho- und neuropathologischer Symptomatiken bewusst ist. Hierzu steht ihm ein breites Repertoire an vornehmlich neuropsychologischen und psychopathologischen Tests und Inventaren zur Verfügung.

Literaturverzeichnis

American Psychiatric Association (2013). *Diagnostic and Statistical Manual of Mental Disorders* (5th ed.). Washington, DC: American Psychiatric Publishing. https://doi.org/10.1176/appi.books.9780890425596.dsm17

Anacker, C. (2014). Adult hippocampal neurogenesis in depression: behavioral implications and regulation by the stress system. In M. A. Geyer, B. A. Ellenbroek & C. A. Marsden (Eds.), *Current topics in behavioral neurosciences* (Vol. 18, pp. 25–43). Berlin: Springer. https://doi.org/10.1007/7854_2014_275

Beblo, T. & Lautenbacher, S. (2006). *Neuropsychologie der Depression.* Göttingen: Hogrefe.

de Vries, U. & Petermann, F. (2020). Depression. In M. A. Wirtz (Hrsg.), *Dorsch – Lexikon der Psychologie* (19. Aufl.) Göttingen: Hogrefe. https://m.portal.hogrefe.com/dorsch/depression-1/ (abgerufen am 19.05.2020)

Dilling, H., Mombour, W. & Schmidt, M. H. (Hrsg.). (2015*). Internationale Klassifikation psychischer Störungen* (10. Aufl). Göttingen: Hogrefe.

Haroon, E., Miller, A. H., & Sanacora, G. (2017). Inflammation, Glutamate, and Glia: A Trio of Trouble in Mood Disorders. *europsychopharmacology: official publication of the American College of Neuropsychopharmacology, 42*(1), 193–215. https://doi.org/10.1038/npp.2016.199

Hegerl, U., Zaudig, M. & Möller, H. (Hrsg.). (2001). *Depression und Demenz im Alter. Abgrenzung, Wechselwirkung, Diagnose, Therapie.* Wien: Springer.

Köhler, T. (2019). *Biologische Grundlagen psychischer Störungen* (3. Aufl.). Göttingen: Hogrefe.

Lautenbacher, S. & Gauggel, S. (2004). *Neuropsychologie psychischer Störungen.* Wien: Springer.

Leyhe, T., Melcher, T., Linnemann, C., Klöppel, S., Harald & Hampel, H. (2018). Demenz und Altersdepression. *Swiss Archives of Neurology, Psychiatry and Psychotherapy, 169*(3), 70–74. https://doi.org/10.4414/sanp.2018.00571

Peper, M. (2020). Demenz. In M. A. Wirtz (Hrsg.), *Dorsch – Lexikon der Psychologie* (19. Aufl.) Göttingen: Hogrefe. https://portal.hogrefe.com/dorsch/demenz/ (abgerufen am 19.05.2020)

Phillips, C. (2017). Brain-Derived Neurotrophic Factor, Depression and Physical Activity: Making the Neuroplastic Connection. *Neural plasticity, Vol. 2017*, 7260130. https://doi.org/10.1155/2017/7260130

Schildkraut, J. J. (1965). The catecholamine hypothesis of affective disorders: a review of supporting evidence. *American Journal of Psychiatry, 122*(5), 509–522. https://doi.org/10.1176/ajp.122.5.509

Selkoe, D. J. & Hardy, J. (2016). The amyloid hypothesis of Alzheimer's disease at 25 years. *EMBO molecular medicine, 8*(6), 595–608. https://doi.org/10.15252/emmm.201606210